MORGENTAUBLÜTEN

Prolog

Wenn der Tag frisch erwacht im Morgentauglanz,
der Frühling verträumt ist, der Sommer tanzt,
wenn durch die Verse die Träume fliegen
und Schmetterlinge die Veilchen lieben,
wird in Gedichten von Fröschen und Blüten,
von Märchen und von Mythen geschrieben,
von fröhlichen Engeln und kleinen Sternen,
sowie von des Mondes gold´nen Laternen,
dann will sich die Phantasie hier verneigen,
und fordert die Poesie auf zum Reigen.

Sabine Müller

Sabine Müller

MORGENTAUBLÜTEN

Ein poetischer Reigen
für kleine und große Träumer und Träumerinnen

*Bibliografische Information der Deutschen Nationalbibliothek:
Die Deutsche Nationalbibliothek verzeichnet diese Publikation in
der Deutschen Nationalbibliografie; detaillierte bibliografische
Daten sind im Internet über http://dnb.dnb.de abrufbar.*

© 2016 Name des Autors/Rechteinhabers : Sabine Müller

Illustration/Fotos/Bilder: Sabine Müller/Nina Müller

Herstellung und Verlag: BoD – Books on Demand, Norderstedt

ISBN: 978-3-7412-4085-0

Inhaltsverzeichnis

Morgengruß	9
Im Zauber dieses Augenblicks	10
Wo ist das Gold der Morgenstund?	11
Morgentaublüten	13
Frühlingsanfang	14
Frühling	15
Der Streit	16
Frühlingsgruß	18
Erwachen	19
Stiefmütterchen	21
Der März muss warten	22
Einen Tag mehr	23
Frühlingstraum	24
Gestatten?	26
Vorsommerfest	27
Frosch oder König?	29
Kleiner Schmetterling	31
Ein Maientag	32
Amors Lied	33
Tulpenstrauß	35
Kleine Wiesenelfe	37
Naturgemäß	38
Danke	40
Ein kleines Lied	41
Ein kleines Lächeln	42

Inhaltsverzeichnis

Löwenzahn	43
Pusteblume	45
Kleine Sonnen	46
Ich stehe zu mir	47
Frau Zeit	48
Bewahr dir immer deinen Mut	50
Höflichkeit	51
Miss Klang	52
Die Welt, sie ist für uns gemacht	53
Wenn Traurigkeit weint	54
Das letzte Hemd	55
Mitten im Leben	56
Viele Wege gibts im Leben	59
Manchmal wollen Träume fliegen	60
Lass uns träumen	62
Wenn alle Tage jubilieren	63
Mein Kind	64
Wunder geschehen	65
Latzhose und Kaugummi	66
Dein Porträt	68
Der Mensch lebt nicht für sich allein	69
Tagtraum	70
Sommer	71
Sommerzeit	72

Inhaltsverzeichnis

Eiszeit	73
Schleckermäulchen	74
Vergiss mein nicht - eine Sommerliebe	75
Vergiss mein nicht - eine Sommerliebe (Teil 2)	76
Zwitscherinspiration	79
Burnout	80
Illusion	81
Erntedank im Herzen	82
Im Himmel gibt es Käsekuchen	84
Himmlische Ankunft	85
Trost	86
Sanft schwebt ein Flüstern durch die Nacht	87
Kleiner Stern	88
Unter des Mondes gold´ner Laterne	89
Samtschwarze Nacht	90
Traumgespenster	91
Nachtmusik	92
Funkelsterne	93
Dein Stern	94
Ein Sternlein ist erwacht	95
Ich wünsch dir einen Engel im Leben	96
Aus heiterem Himmel	98
Unverhofft	99
Mein Engel	100

Inhaltsverzeichnis

Ein kleiner Engel ist erwacht	101
Dein Schutzengel	103
Aus des Himmels weiter Fern´	104
Silberne Nächte	105
Waldgeister	106
Wenn Sternenstaub zur Erde fällt	108
Der Wolkenschimmel	110
Elfchens Lied	111
Märchenwelt	112
Singe, wem Gesang gegeben	113
Es war einmal...	114
Ein kleiner Reim	116
Raub keiner fremden Muse Kuss	118
Wenn Dichter dichten	120
Ein kleines Wort	121

Morgengruß

Der Tag hat mich mit Sonnenschein
heut morgen leis begrüßt,
ich lauschte diesem stillen Sein,
dass so behutsam ist.

Von des Vögleins fröhlich Jubel,
ließ ich mich betören,
noch schlief des Alltags lauter Trubel,
so konnt kein Missklang stören.

Den Frieden dieser gold´nen Früh´
nahm ich gern dankbar an,
er trug mich durch des Tages Müh´
mit einem sanften Klang.

Ach, könnte doch ein jeder Tag,
so wundervoll beginnen,
in Harmonie, mit Sonnenschein,
und Vögleins frohem Singen.

Im Zauber dieses Augenblicks

Seht, wie Auroras Wangen glühen,
an dem Morgen, dem recht frühen,
wenn sie Apollon jetzt begrüßt,
der mit viel Liebe, zart und sacht
die Sternentränen letzter Nacht,
die wie tausend Diamanten,
glanzvoll als Morgentau nun prangen,
von den Blütenblättern küsst.

Der Zauber dieses Augenblicks,
der so faszinierend ist,
wenn Auroras Wangen glühen,
lässt wunderschön den Tag erblühen

Wo ist das Gold der Morgenstund?
-Pantum-

Dunkel ist´s noch, der Wecker schreit,
ich krieg die Augen noch nicht auf,
viel zu früh ist diese Zeit,
der Tag beginnt mit seinem Lauf.

Ich krieg die Augen noch nicht auf,
wo ist das Gold der Morgenstund?
Der Tag beginnt mit seinem Lauf,
ich bin noch müde wie ein Hund.

Wo ist das Gold der Morgenstund?
Morgenröte ist noch fern,
ich bin noch müde wie ein Hund,
ach, wie schlief ich noch so gern.

Morgenröte ist noch fern,
viel zu früh ist diese Zeit,
ach, wie schlief ich noch so gern,
dunkel ist´s noch, der Wecker schreit.

Morgentaublüten

Frisch will der junge Tag sich zeigen,
mit Blütenglanz im Morgentau,
mit Zwitscherklängen in den Zweigen,
und erstem zarten Himmelsblau.

Ich lasse meine Blicke schweifen,
fast wähn ich mich im Mythenreich,
wo Elfen über Wiesen streifen,
zum morgendlichen Bad im Teich.

Den Zauber solcher Wunderfrühen,
möcht ich bewahren und ich schau,
dem Tag ins Antlitz, sein erblühen,
glänzt mir im Herz wie Morgentau.

Frühlingsanfang

Achtsam und auf leisen Sohlen,
schaut Herr Lenz sorgsam um's Eck,
ob der frostige Geselle
denn auch wirklich gänzlich weg.

Zögerlich und schüchtern fast,
wagt er langsam sich heran,
schneller werden seine Schritte,
voller Jubel, sein Empfang.

Er lässt sich voller Freude nun
in uns´rer Mitte nieder,
holt seine bunte Flöte raus
und spielt uns seine Lieder.

Frühling
-Pantum-

Seht nur wie die Blümchen sprießen,
und die Sonne lacht so schön,
auf den bunten Frühlingswiesen,
kann man Schmetterlinge seh'n.

Und die Sonne lacht so schön,
vom blauen Himmel zu uns runter,
Schmetterlinge kann man seh'n,
tanzen durch die Lüfte, munter.

Vom blauen Himmel zu uns runter,
lacht der Frühling uns nun an,
es tanzen durch die Lüfte, munter,
Blütendüfte, Zwitscherklang.

Lacht der Frühling uns nun an,
auf den bunten Frühlingswiesen,
Blütendüfte, Zwitscherklang.
Seht nur wie die Blümchen sprießen.

Der Streit

Der Winter und der Frühling,
die haben grade Streit,
sie können sich nicht einigen,
wem jetzt gehört die Zeit.

Der Winter will nicht weichen,
und ist doch sehr erbost,
er will die Welt weiß glitzern seh'n,
er will noch einmal Frost.

Ach, mach dich doch vom Acker,
viel zu früh bist du doch dran,
ich halte mich hier wacker,
so schnauzt er den Frühling an.

Doch der Frühling lacht nur keck,
ach Alter, sieh´s doch endlich ein,
ich schubse ich dich ganz einfach weg,
schleichst du nicht, von allein.

Für dich ist es Zeit zu gehen,
deine Kraft ist schon verschlissen,
schau dich doch mal im Spiegel an,
dein Kleid ist schon ganz abgerissen.

Da gibt der Winter sich geschlagen,
packt Schnee und Frost und Kälte ein,
und reist dann schon in ein paar Tagen,
ins Winterkurerholungsheim.

So hat der Frühling triumphiert
energisch und mit Konsequenz,
hat er den Winter abserviert,
er hat sich durchgesetzt, der Lenz.

Frühlingsgruß

Der Frühling mit seiner Blumenpracht,
ein Farbenmeer, so zauberhaft,
fröhlich sind meine Sinne erwacht,
wie die Tiere aus dem Winterschlaf,
Vögel zwitschern wieder
ihre wunderschönen Lieder.
Ich schaue zu den Schmetterlingen,
die so grazil das Tanzbein schwingen,
in der warmen Frühlingsluft,
sind sie berauscht vom Blütenduft.
Fleißig sind die Bienchen schon,
ihr Summen, solch ein heiterer Ton,
so viel Frohsinn, so viel Jubel,
weilt in diesem Frühlingstrubel.
Welch Leichtigkeit und welch ein Segen,
hält wieder Einzug in das Leben.
Alles grünt und blüht im Nu,
und die Sonne lacht dazu.

Erwachen

Noch wohlig in Morpheus Armen geborgen,
lauscht mein Sein des Erwachens Klang,
ich gleite sachte in den Morgen
der neue Tag nimmt mich nun in Empfang.

Und wieder fang ich zu leben an.

Stiefmütterchen

Ich bin ein feines Blümelein,
bin nicht sehr groß, bin eher klein,
doch blüh´n kann ich genau so schön,
wie eine stolze Königin.

Ich bin von ganz besond´rer Art,
sehr charmant und auch apart,
ich bin im Garten eine Zier,
Stiefmütterchen sagt man zu mir.

Im März fang ich zu blühen an,
und blüh bis zum November dann,
in vielen wunderschönen Farben,
könnt ihr euch lange an mir laben.

Scheut ihr euch nicht mich einzupflanzen,
werd ich in euren Beeten tanzen,
ich werde euren Garten schmücken,
und euch lange Zeit entzücken.

Der März muss warten
-Schaltjahr-

Der März muss warten, dieses Jahr,
bis er sich präsentieren kann,
Februar lässt seinen Mantel
diesmal noch etwas länger an.

Noch einen Tag will er gestalten,
und mit uns Spazierengehen,
will unsere Zeit noch mal verwalten,
bevor er sagt "Auf Wiedersehen".

So lasst uns doch dem Februar,
diesen einen Tag noch gönnen,
er muss ja schon im nächsten Jahr,
wieder eilen, wieder rennen.

Einen Tag mehr

Einen Tag mehr, zum lieben und lachen,
einen Tag mehr, um sich Sorgen zu machen,
einen Tag mehr, um schönes zu sehen,
einen Tag mehr, um andr´en beizustehen.

Einen Tag mehr, um Danke zu sagen,
einen Tag mehr, um Leid zu beklagen,
einen Tag mehr, um nach vorne zu schauen,
einen Tag mehr, um ein Luftschloss zu bauen.

Einen Tag mehr, für ein Abenteuer,
einen Tag mehr, um zu löschen, manch Feuer,
einen Tag mehr, um sich zu besinnen,
einen Tag mehr, um Zeit zu gewinnen.

Einen Tag mehr, für den einen ein Segen,
einen Tag mehr, bringt für andere Regen,
einen Tag mehr, alle vier Jahr,
dass gibt es nur im Februar.

Frühlingstraum

Unter einem kahlen Baum
liegt ein kleiner müder Traum,
und hält erschöpft ein Schläfchen,
vorbeiziehen die Schäfchen,
auf des Himmels blauer Wiese.

Zärtlich streichelt eine Brise
sachte über seine Haut,
der kleine Traum erwacht und schaut,
voll Erstaunen ringsumher,
sein Blick taucht in ein Blütenmeer.

Bunte Krokuswichte küssen
Schmetterlinge, und genießen,
vergnügt, ein munt´res Stelldichein,
Heiterkeit im Sonnenschein,
die Freude taumelt mittendrin.

Und aus den Ästen, über ihm,
im satten, dichtem Blättergrün,
da tiriliert´s, da ist ein Singen,
da ist ein zauberhaftes Klingen,
da zwitschert's heiter in die Welt.

Der Frühling hat sich eingestellt,
so wunderschön ist er erwacht,
hat Lebensfreude mitgebracht,
glückselig lacht der kleine Traum,
unter dem nun grünem Baum.

Gestatten?

Ich bin im hellen Sonnenschein
ein kleines Gänseblümelein,
ich bin des Himmels schönstes Blau,
ein Diamant im Morgentau.

Ich schweb als zarte Blütendüfte
zu euch, durch die lauen Lüfte,
dreh mich als Schmetterling im Tanze,
bin auf dem Feld die junge Pflanze.

Ich husche durch das Blattgeäst
baue als Eichhörnchen mein Nest,
ich bin jetzt alles das, was blüht,
des Vögleins frühes Morgenlied.

Als Fröschlein quake ich im Teich,
als Hasenkind spring ich sogleich,
über Wiesen, fröhlich, munter,
die Welt mache ich für euch bunter.

Ich bin der, der die Sonne küsst,
ich bin das, was im werden ist,
bestimmt habt ihr mich jetzt erkannt,
Frühling werde ich genannt.

Vorsommerfest

Die Sonne gibt heut einen aus,
mit super XL Sonnenschein,
und blauem Himmelaugenschmaus,
lädt sie zum Vorsommerfest ein.

Im Schwimmbad und am See zu liegen,
erfrischend ist ein Sprung ins Nass,
im Garten Planschbeckenvergnügen,
auch Bello genießt Badespaß.

Eisschlemmereien, weit und breit,
werden mit viel Genuss verzehrt,
bei Biergartengemütlichkeit,
ist heiß ein kühler Drink begehrt.

Gegessen wird heut Open Air,
der Vater schmeißt den Grill schon an,
heut ist er Barbecuemeister,
denn draußen schmausen, das macht Fun.

Später dann, zur Abendstunde,
wird noch in lauer Luft geklönt,
ein letztes Glas, in trauter Runde,
das Fest war von Erfolg gekrönt.

Wenn Sonne heiß vom Himmel brennt,
mit super XL Sonnenschein,
und lädt erneut ein zum Event,
woll'n wir gern wieder Gäste sein.

Frosch oder König?

Schon viele tausendmal geküsst,
wurde seine Majestät,
doch noch immer sitzt sie dort,
als Froschkönig im Gartenbeet.

Es ist wohl doch nur eine Mär,
kein Kuss wird jemals ihn erlösen
und wenn er nicht gestorben ist,
wird er im Beet wohl heut noch dösen.

Kleiner Schmetterling

Über Wiesen, durch die Lüfte
schwebt der kleine Schmetterling,
berauschend sind die Blütendüfte,
für dieses kleine Tänzerding.

Kleine Veilchen und auch Rosen,
möchte er so gern liebkosen,
schwelgt in dieser schönen Pracht,
küsst ihre Blütenherzen sacht.

Zur Abendstunde flüstert er,
Adieu, zu seinen Liebsten, allen,
verneigt sich vor dem Blütenmeer,
demütig, im Wohlgefallen.

Über Wiesen, durch den Abend,
schwebt der kleine Schmetterling,
der Blütenliebe innehabend,
zur Nacht, das kleine Träumerding.

Ein Maientag
-Pantum-

Ein Maientag, so wie gemalt,
Herr Lenz will heut spazieren geh´n,
der Himmel blau, die Sonne strahlt,
alles grünt und blüht so schön.

Herr Lenz will heut spazieren geh´n,
froh schlendert er durch die Natur
alles grünt und blüht so schön,
traumhaft ist es in Wald und Flur.

Froh schlendert er durch die Natur
mit Veilchenduft und blauem Band
traumhaft ist es in Wald und Flur,
Herr Lenz zeigt sich heut sehr galant.

Mit Veilchenduft und blauem Band
der Himmel blau, die Sonne strahlt,
Herr Lenz zeigt sich heut sehr galant,
ein Maientag, so wie gemalt

Amors Lied
-Pantum-

Wenn jetzt die Katzen Kätzchen kriegen,
im schönem Wonnemonat Mai,
es wird wohl an der Liebe liegen,
das ist ganz sicher, zweifelsfrei.

Im schönem Wonnemonat Mai,
da liegt viel Liebe in der Luft,
das ist ganz sicher, zweifelsfrei,
das Bienchen liebt den Blütenduft.

Da liegt viel Liebe in der Luft,
hört nur wie´s im Herzen klingt,
das Bienchen liebt den Blütenduft,
so herrlich ist´s wenn Amor singt.

Hört nur wie´s im Herzen klingt,
es wird wohl an der Liebe liegen,
so herrlich ist´s wenn Amor singt,
wenn jetzt die Katzen Kätzchen kriegen.

Tulpenstrauß

Rot werd auf jeden Fall ich nehmen,
goldgelbe dürfen auch nicht fehlen,
weiß gehört bestimmt dazu
orangene, die sind der Clou,
und wie ich seh,
gibt´s auch noch welche in rosé.
Lila macht das ganze rund,
jetzt ist er wirklich sehr schön bunt.

Mit einem schönen Tulpenstrauß,
hol ich den Frühling heut ins Haus.

Kleine Wiesenelfe

Mit seinem schönen Blütenkranz,
so zart und voller Eleganz,
wie eine Elfe, klein und fein,
tanzt es im Frühlingssonnenschein.

So zierlich, doch so voller Kraft,
blüht es jetzt mit Leidenschaft
es ist als ob die Wiese lacht,
glücklich über diese Pracht.

Den kleinen Stängel stolz gestreckt,
schaut es mit seinem Köpfchen keck,
fröhlich in die Welt hinein,
das kleine Gänseblümelein.

Naturgemäß

Die Natur gibt ihre Farben
zu uns´rem Wohle preis,
täts sie´s nicht, wäre die Welt,
geprägt von Schwarz und Weiß.

Kein gold´nes Licht würd´ in der Nacht,
vom Stern zu uns gelangen,
niemals würd´ veilchenblauer Bann
die Schmetterlinge fangen.

Des Himmels Blau, die grüne Au,
und bunte Sommerwiesen,
gar öde wär es in der Welt,
könnten wir´s nicht genießen.

Kein Maler würde uns´ren Blick
je farbenfroh entzücken,
dem Poeten würden keine
heiteren Werke glücken.

Die Seele hätte keinen Ast,
wo sie dran baumeln könnte,
wir träumten nur in schwarz und weiß,
im tristen Ambiente.

So sollten wir stets die Natur
in Ehren halten, achten,
und ihr nicht aus Profit und Gier,
nach ihrem Leben trachten.

Danke

Einfach manchmal danke sagen,
für das Schöne auf der Welt,
nicht nur jammern und auch klagen,
über das, was mir missfällt.

Einfach manchmal innehalten,
für einen kurzen Augenblick,
zum Gebet die Hände falten,
und dankbar sein für kleines Glück.

Einfach manchmal danke sagen,
aus dem Herzen, ganz spontan,
erzeugt in mir ein Wohlbehagen,
ich freu mich, dass ich danken kann.

Danke

Ein kleines Lied

Ein kleines Lied, so ganz spontan,
fing fröhlich heut zu singen an,
die Melodie, so lieblich, fein,
trällerte in den Tag hinein.

Ich hörte es vor meiner Tür,
ganz unverhofft kam es zu mir,
es hat mir meinen Tag versüßt,
bevor es leis´ verklungen ist.

Vielleicht klingt es ja morgen schon,
bei dir, mit seinem heit´ren Ton,
und will dir deinen Tag versüßen,
dann bitt ich dich, es lieb zu grüßen.

Ein kleines Lächeln

Hört, was ich euch erzähle:
ein kleines Lächeln, zart und fein,
so ehrlich, unverfälscht und rein,
das überraschend, leise, prompt,
und völlig unerwartet kommt,
ist Balsam für die Seele.

Löwenzahn

Die selt´nen Arten werden stets
mit Wohlwollen betrachtet,
doch was reichlich vorhanden ist,
das wird oftmals verachtet.

Wär Löwenzahn eine Seltenheit,
dann wäre er wohl sehr begehrt,
doch weil er weit verbreitet ist,
wird sich oft gegen ihn gewehrt.

Als Unkraut wird er oft beschimpft,
dabei kann diese Pflanze viel,
hilft als Arznei, schmeckt im Salat,
die Kinder freut das Pustespiel.

Mit seiner dichten gelben Mähne,
ist er doch sehr schön anzusehen,
und wer ihn zu schätzen weiß,
bei dem darf er im Garten steh´n.

Pusteblume

So fein und zart, so filigran,
mutet mich dieses Köpfchen an,
mit seinem weißen zartem Flaum,
ist es wahrhaft schön anzuschau´n.

Jedoch, muss der Wind mal niesen,
dann schweben über die Wiesen,
federleichte kleine Schirmchen,
hin, zur Nachbarin, Frau Irmchen.

In deren Garten sprießt sodann,
schon bald darauf der Löwenzahn,
Frau Irmchen freut sich sehr daran,
weiß, was das Pflänzchen alles kann.

Sie kocht sich gerne daraus Tee,
der hilft bei allerlei Wehweh,
und auch manches junge Blatt,
schmeckt ihr gar köstlich im Salat.

Seh ich verblühten Löwenzahn,
dann puste ich sein Köpfchen an,
damit die kleinen Schirmchen weh´n,
und neues daraus kann entsteh´n.

Kleine Sonnen

Es sind
die kleinen Sonnen
im Leben,
die in unsere Seelen
scheinen
und unsere Herzen
wärmen.

Ich stehe zu mir

Ich weiß wer ich bin,
lass mich nicht verbiegen,
ich weiß was ich kann,
lass mich nicht unterkriegen.

Ich weiß mich zu schätzen,
lass mich nicht klein machen,
ich kenn meinen Wert
ich weiß mich zu achten,

Ich nehm mir die Freiheit,
und ich habe den Mut
so zu sein wie ich bin,
denn das tut mir gut.

Ich stehe zu mir,
und ich nehme mich an,
denn schließlich hat Gott
es ja auch so getan.

Frau Zeit

Frau Zeit, die quirlige Person,
läuft mir oft sehr gern davon,
schon früh am morgen fängt sie an,
sprintet mit einem Affenzahn.

Doch auf der Arbeit bleibt sie stehen,
will keinen Schritt mehr weiter gehen,
da will die gute Frau verschnaufen,
und einfach nicht mehr weiterlaufen.

Pünktlich zum Feierabend dann,
zieht sie sich ihre Laufschuh´ an,
beschleunigt die Geschwindigkeit,
und flitzt dann bis zur Schlafenszeit.

Zeitweilig ist sie eine Plage,
hetzt mit Karacho durch die Tage,
und mit ihrem Sauseschritt,
komm ich bisweilen nicht mehr mit.

Da schnapp ich mir die Gute, dann,
und halt sie kurzerhand mal an,
lass mich mit ihr auf´s Sofa sinken,
lade sie ein zum Kaffeetrinken.

Und so genieß ich mit Frau Zeit,
zwischendurch mal Gelassenheit,
wenn sie ein Päuschen mit mir teilt,
und entspannt bei mir verweilt.

Dabei hat sie mir anvertraut,
sie kann nicht so aus ihrer Haut,
wie sie´s gern möcht´, mal ab und zu,
das ist für sie leider tabu.

Das Tempo wird ihr vorgegeben,
es bestimmt allein das Leben,
die Höhe der Geschwindigkeit,
der quirligen Person, Frau Zeit.

Bewahr dir immer deinen Mut

Ein jeder trägt sein Päckchen,
jeder hat seine Last,
doch wird es einmal gar zu schwer,
dann braucht man eine Rast.

Hält an, für einen Augenblick,
schöpft wieder neue Kraft,
und weiter geht es Schritt für Schritt,
bis das der Weg vollbracht.

So manches Tal durchwandert man,
erklimmt schwindelnde Höhen,
und wird der Pfad auch steil und schmal,
muss man ihn trotzdem gehen.

Bewahr dir immer deinen Mut
und glaube stets daran,
an deine Kraft, dass du es schaffst,
nur so kommst du voran.

Höflichkeit

Die Höflichkeit ist eine Zier,
ein Schmuckstück ohnegleichen,
und wer sich gerne damit zeigt,
wird oftmals viel erreichen.

Doch wer mit Absicht übertreibt,
scheinheilig und mit Tücke,
bei dem entlarvt die Höflichkeit,
sich offenbar als Lüge.

Es ist damit nichts zu gewinnen,
sich ihrer fälschlich zu bedienen.

Miss Klang

Miss Klang lässt ihr Lied erklingen,
singt es leise uns ins Ohr,
will das wir es alle singen,
bald in einem großen Chor.

Doch wenn nicht alle Töne stimmen,
gar mancher klingt sehr schief und schräg,
dann wird kein schönes Lied erklingen,
die Sänger bleiben lieber weg.

Mit Miss Tönen komponiert,
lässt Miss Klang ihr Lied erklingen,
und von Miss Trauen dirigiert,
will es wahrlich niemand singen.

Die Welt, sie ist für uns gemacht

Spürst du den Rock´n Roll in dir,
los komm, wir toben durch die Nacht,
lass uns die Lust am Leben spür´n,
die Welt, sie ist für uns gemacht.

Hey, weißt du denn noch, wie das geht,
wie leicht das Leben tanzen kann,
was kümmert uns der nächste Tag,
die Zeit hält heut Nacht für uns an.

Mit Träumen fliegen wir im Takt,
lassen uns vom Rhythmus tragen,
das Fieber, es hat uns gepackt,
alles ist möglich, wenn wir es wagen.

Spürst du den Rock´n Roll in dir,
los komm, wir toben durch die Nacht,
wir können´s noch, komm tanz mit mir,
die Welt, sie ist für uns gemacht.

Wenn Traurigkeit weint

Und endlich hat sich die Traurigkeit
müde in den Schlaf geweint,
sachte, ganz sachte deck ich sie zu,
will sie nicht stören, in ihrer Ruh.

Auf Zehenspitzen schleich ich zur Tür,
dreh´ mich noch einmal um zu ihr,
von weitem schau ich sie noch einmal an,
und dann entzieh ich mich ihrem Bann.

Schüchtern fast, die Schritte noch klein,
tritt die Hoffnung wieder in mein Sein,
ein kleines Lächeln winkt mich heran,
behutsam nehm ich es in den Arm.

Denn irgendwann, da wird ein Lachen
aus dem kleinen Lächeln erwachen,
und dann hat sich die Traurigkeit
endgültig in den Schlaf geweint.

Das letzte Hemd

Das letzte Hemd, es ist sehr schlicht,
Taschen hat und braucht es nicht,
denn alles Gut und jede Habe,
im Leben, ist eine Leihgabe.

Wir müssen uns von dem trennen,
was wir unser Eigen nennen,
denn auf dem letzten Reiseweg,
benötigen wir kein Gepäck.

Nichts brachten wir mit auf die Welt,
nichts nehmen wir mit wenn wir geh´n,
so sind am Anfang und am End,
stets alle Menschen gleichgestellt.

Mitten im Leben

Guten Morgen, sprach das Leben,
es ist Zeit um aufzustehen,
ich möchte dir so viel geben,
du musst nur sehen und verstehen.

Lässt du dich heute auf mich ein,
spürst du mich, wie ich pulsiere,
es wird mein Atem in dir sein,
sieh, wie ich für dich existiere.

Fühl mich mit allen deinen Sinnen,
komm, und verbring mit mir den Tag
dann wird vieles dir gelingen,
ich schenke dir, was ich vermag.

Hab doch den Mut, sei nicht verzagt,
denn nur so kannst du gewinnen,
verlor´n ist nur der, der nicht wagt,
mitten in mich rein zu springen.

So reichte ich ihm meine Hand,
und ging auf sein Versprechen ein,
und als ich Mitten in ihm stand,
da wusste ich, so muss es sein.

Ich hab das Leben angenommen,
nicht nur an diesem einen Tag,
hab seinen Herzschlag wahrgenommen,
ich habe zu ihm ja gesagt.

Viele Wege gibts im Leben

Viele Wege steh´n uns offen,
mancher davon lässt uns hoffen,
mancher ist mühsam zu gehen,
manch einer wird übersehen.

Schweren Schritt´s geht man den einen,
mit unsagbar schweren Beinen,
den anderen mit Überschwang,
hüpft man mit frohem Herz entlang.

Manch einer lässt sich nicht umgehen,
ein and´rer uns im Kreise drehen,
auf manchem kann man sich verirren,
dabei kostbare Zeit verlieren.

Doch sollte man eines bedenken,
vom rechten Wege abzuschwenken,
kann nicht das Ziel des Lebens sein,
auf diesem Pfad bleibt man allein.

Einen gibts, den wir alle gehen,
wenn uns´re Zeit gekommen ist,
der letzte Weg hat keine Kreuzung,
der letzte Weg führt uns ins Licht.

Manchmal wollen Träume fliegen

Manchmal wollen Träume fliegen,
hoch hinauf zum Regenbogen,
manchmal bis zu Wolke sieben,
und heute bin ich mitgeflogen.

Manchmal wollen Träume lachen,
glücklich und voller Heiterkeit,
frohgemut und ausgelassen,
dann spüre ich die Lebensfreud´.

Manchmal woll´n sich Träume wiegen,
sie schmiegen sich im Tanz an mich,
zart in meinem Arm, sie liegen,
in meinem Herzen spür ich dich.

Manchmal wollen Träume weinen,
sie sind entmutigt und betrübt,
ihre Tränen sind die meinen,
und dann weine ich lautlos mit.

Manchmal wollen Träume lieben,
dort oben, weit am Himmelszelt,
woll´n die Zeit im Jetzt besiegen,
doch noch ist es nicht meine Welt.

Manchmal wollen Träume fliegen,
und immer wieder flieg ich mit.

Lass uns träumen

Lass uns träumen, lass uns lachen,
lass uns lieben, lass uns leben,
und auf bunten Wolken schweben.

Komm, wir nehmen unsere Seelen,
fliegen mit unseren Herzen fort,
und tanken Kraft an einem Ort,
wo Träume süß wie Erdbeeren schmecken.

Lass uns die Sonnenstrahlen wecken,
und lachen mit den Schmetterlingen,
wir hören zu wie Sterne singen,
und schaffen uns ein Paradies.

Wir treten durch das Tor des Glücks,
all unsere Alltagssorgen,
verstecken wir bis morgen.

Jetzt wollen wir lachen, lieben, leben,
und auf bunten Wolken schweben.

Wenn alle Tage jubilieren

Wenn Herzen im Gleichklang schlagen,
und die Wolken rosa tragen,
wenn alle Lieder heiter klingen,
und die Schmetterlinge swingen,
wenn Albernheit am kichern ist,
und Fröhlichkeit die Seele küsst,
dann ist die ganze Welt fantastisch
sogar ein Regentag bombastisch,
superb schmeckt selbst versalz´ne Suppe,
schwarz und grau sind total schnuppe,
ich mal sie einfach knallbunt an,
weil ich das heute super kann.

Wenn alle Tage jubilieren,
und Sorgen sich im Nichts verlieren,
wenn Sterne tanzen in der Nacht,
dann ist die Liebe an der Macht.

Mein Kind

Du liegst mir sehr am Herz, mein Kind,
du bist die schönste Melodie,
die in meiner Seele klingt.
Du bist des Lebens Sinn für mich,
ich danke jeden Tag für dich,
du bist das Wunder in meinem Sein,
du bist für mich mein Sonnenschein.
Du bist das, was für mich zählt,
gestern, heute und auch morgen,
und wenn dich einmal etwas quält,
sind deine Sorgen, meine Sorgen.
Doch sehe ich das Glück bei dir,
dann ist die Freude auch in mir.
Mein liebes Kind, zu allen Zeiten,
wird meine Liebe dich begleiten.
Deinen Weg, den musst du selber gehen,
doch werd ich immer zu dir stehen.
Ganz gleich, wie sehr die Zeit verrinnt,
du bist und bleibst immer mein Kind.

Wunder geschehen

Die Welt hielt ihren Atem an,
für einen Augenblick,
und in meinen Armen lag,
ein zauberhaftes Glück.

Mein Kind, so zart und wunderschön,
ich war nur ganz und gar gebannt,
konnte mich gar nicht satt dran seh´n,
ein Anblick, in mein Herz gebrannt.

Seit diesem Moment kann ich es verstehen,
es ist wahr,
Wunder geschehen.

Latzhose und Kaugummi

Latzhose und Kaugummi,
rotes Kleid und Schorf am Knie,
im Sandkasten da spielten sie,
er war vier und drei war sie.

Er schenkte ihr sein Kuscheltier,
bekam ihr kleines Herz dafür,
sie sagte, ich werd´s immer lieben,
sie war sechs und er war sieben.

Mit dem Fahrrad fuhren sie
zum Schwimmen an den Baggersee,
der erste Kuss, er war sehr schön,
im Teeniealter ist´s gescheh´n.

Ein Traum in weiß, er wurde wahr,
im Februar, dann vorm Altar,
sagten sie beide glücklich ja,
Ende zwanzig war´n sie da.

Zur Krönung ihrer Liebe dann,
meldete sich Nachwuchs an,
ein Mädchen namens Amelie,
Anfang dreißig waren sie.

Zum Spielplatz sind sie heut gefahren,
mit ihrer kleinen Amelie,
ein kleiner Junge spielt im Sand
mit Käppi und mit Schorf am Knie.
Er sprach ihr kleines Mädchen an,
willst du vielleicht ´nen Kaugummi?
Er ist vier und drei ist sie.

Dein Porträt

Wenn ich dich malen könnte,
dann würde ich dich so malen,
wie ich dich sehe.

Deine Fröhlichkeit würde ich
in Regenbogenfarben malen,
und dein Lachen
in einem leuchtendem gelb.

Für deine Fürsorge
würde ich das schönste himmelblau nehmen,
und für deine Treue ein kräftiges grün.

Deine Freundlichkeit wäre
ein hauchfeiner Lavendelton,
und dein Vertrauen bekäme
ein sattes orange.

Dein liebes Wesen
stell ich mir in den zartesten
Pastellfarben vor,
und deine Persönlichkeit
in raffinierten Schattierungen.

Wenn ich dich malen könnte,
so wie ich dich sehe,
dann würde ich deine Seele malen.

Der Mensch lebt nicht für sich allein

Die Wahrheit ist oft unbequem,
da ist es leichter wegzusehen.
Doch ist es wohl richtig,
diesen Weg zu wählen?
Hört auf eure Seelen.

Der Mensch lebt nicht für sich allein,
auch für and´re da zu sein,
das ist doch sehr wichtig,
es gehört zu unserem Leben.
Selig, daß sind die, die geben.

Gehen wir einst von dieser Welt,
dann zählt nicht unser Gut und Geld.
Was werden wir berichten,
von uns´rem Handeln, uns´rem Tun?
Dürfen wir dann in Frieden ruh´n?

Stehen wir vor des Herrschers Thron,
bekommen den gerechten Lohn,
ob der uns dann gefällt?
Das sei dahin gestellt.

Tagtraum
-Elfchen-

Tagtraum
lässt Seele
für einen Augenblick
ausruhen, und neue Kraft
tanken.

Sommer

Der Sommer dreht jetzt seine Runden,
die Sonne, die macht Überstunden,
Blumen blühn auf allen Wiesen,
der Himmel strahlt
blau wie gemalt,
so lasst uns diese Zeit genießen.

Denn viel zu schnell vergeht sie bald,
dann wird es wieder nass und kalt.

Sommerzeit

Sommer kommt herbei getanzt,
setzt sich auf, den Blütenkranz,
aus den Blumen, die nun sprießen,
im Überfluss auf allen Wiesen,
Schmetterlinge flattern munter,
einer als der and´re bunter,
aus den Bäumen klingen Lieder,
herrlich duftet Sommerflieder,
seht, die Bienchen, die die Rosen,
am frühen Morgen schon liebkosen,
auf dem Feld, prachtvoll und hold,
glänzt wundervoll das Ährengold,
der Himmel strahlt sein Blau herunter,
Menschen lachen unten drunter,
sind jetzt alle frohgemut,
Sonne tut der Seele gut.

Dann, am Abend weht der Wind,
durchs Blätterwerk, so lau und lind,
der Himmel zieht sein Schlafkleid an,
in rot man ihn bewundern kann,
ein schöner Tag geht nun zur Ruh'
die Nacht hat jetzt ihr Rendezvous,
der Mond zünd´ die Laterne an,
damit die Sonne schlafen kann.

Und morgen tanzt der Sommer heiter,
fröhlich seinen Reigen weiter.

Eiszeit

An so heißen Sommertagen
möcht man gern an Eis sich laben,
Schoko, Kirsch oder Vanille,
der Sorten gibt es ja so viele.

Stracciatella und Haselnuss,
welch ein köstlicher Genuss,
Waldmeister, Pfefferminz, Zitrone,
sind geschmacklich auch nicht ohne.

Pfirsich, Mango, Maracuja,
wie wunderbar, sind auch noch da,
Himbeeren oder Beeren der Erde,
ich weiß nicht, was ich nehmen werde.

Bei so einer großen Wahl,
ist sie auch sehr groß, die Qual,
doch will ich mich nicht länger quälen,
und werd jetzt eine Sorte wählen.

Und schon morgen, ist doch klar,
stehe ich dann wieder da,
und dann geht´s von vorne los,
welches Eis nehm ich denn bloß?

Vielleicht nehm ich ein Eis am Stiel,
aber da gibt´s auch so viel,
Schoko, Kirsch oder Vanille...

Schleckermäulchen

Süßer noch als Ambrosia
wird wohl der Nektar schmecken,
wenn sich die kleinen Sommerwichte,
genießerisch die Mäulchen lecken.

Vergiss mein nicht
- eine Sommerliebe -

Himmelblauer Blütenzauber,
und ein kleiner Schmetterling
ist in diesem Bann gefangen,
so sehr verliebt, das kleine Ding.

Jeden Tag besucht er gern
seinen blauen Blütenstern,
magisch zieht es ihn,
dort immer wieder hin.

Einen ganzen Sommer lang,
hält diese innig Liebe an,
vom Blümchen und vom Schmetterling,
es ist, als ob der Himmel singt.

Eines Tages flüstert leise,
betrübt, der kleine Schmetterling,
ich muss fort, auf eine Reise,
doch ich komm wieder, ganz bestimmt.

Und sehnsuchtsvoll das Blümchen spricht,
wenn du durch die Lüfte fliegst,
dann denk an mich, im Sonnenlicht,
ich hab dich lieb, vergiss mein nicht.

Vergiss mein nicht
- eine Sommerliebe -
(Teil 2)

Nun ist er schon zwei Wochen fort,
traurig steht das Blümchen dort,
und lässt sein Köpfchen hängen,
so einsam und so ganz allein,
im schönen Sommersonnenschein.

Tag für Tag denkt es an ihn,
an seinen schönen Schmetterling,
so welkt es langsam vor sich hin.
Sein kleines Blumenherz so schwer,
hat keine Kraft zum blühen mehr.

Und der Himmel ist betrübt,
dass dieses Kind, dass er so liebt,
so unendlich traurig ist,
seinen Schatz so sehr vermisst.

Doch just, in diesem Augenblick,
kehrt der Schmetterling zurück,
schwebt mit dem lauen Sommerwind,
nach Haus, zu seinem Blumenkind.

Nie wieder lass ich dich allein,
kann ohne dich doch auch nicht sein,
dafür hab ich dich viel zu gern,
flüstert er seinem Blütenstern.

Vereint sind sie nun beide wieder,
das Blümchen und der Schmetterling,
und verliebt hör´n sie die Lieder,
die der Himmel für sie singt.

Wenn der Himmel seine Farbe in Blüten
zaubert,
dann wird das Vergissmeinnicht
geboren,
und aus Liebe zu diesem Kind,
schenkt die Sonne ihm einen Schmetterling.

Zwitscherinspiration

Zwiegespräch im Blättergrün,
es zwitschert her, es zwitschert hin,
was sie sich wohl so erzählen,
die lieben kleinen Vogelseelen?

Ach, ich würde gern verstehen,
um was sich die Gespräche drehen,
doch erschließt es sich mir nicht,
was Vöglein zu dem andern spricht.

So lausche ich einfach still weiter,
diesem Zwiegespräch, das heiter,
hin und her gezwitschert wird,
und mich zum dichten inspiriert.

Burnout

Wenn man zur Zeit nach draußen schaut,
dann hat der Sommer wohl Burnout,
es regnet und es stürmet.
Die Luft ist kühl,
man hat´s Gefühl,
der Sommer ist getürmet.

Illusion

Mir war, als hätt ich den Himmel berührt
und deine Seele in meiner gespürt,
durch Zeit und Raum,
zur Unendlichkeit,
flogen wir zusammen, völlig befreit,
losgelöst vom irdischen Sein,
in die Seligkeit hinein.

War´s Illusion, war´s Wirklichkeit?
Oder die himmlische Ewigkeit?
Mir war, als hätt ich den Himmel berührt,
und deine Seele in meiner gespürt.

Erntedank im Herzen

Mein Erntedank fängt im Herzen an,
da ist so viel, wofür ich danken kann.

Für all die wunderbaren Gaben,
die einen Platz in meinem Herzen haben,
für all das Schöne, das mir gegeben,
Liebe und gute Freunde im Leben,
für die Geborgenheit meiner Familienwelt
in der stets einer zum anderen hält.

Für Gottes Güte und sein Verstehen,
für seine Hilfe, mit dem Herzen zu sehen,
für seine Segensfrüchte, die er mir schenkt,
und mich im Tun und Verzeihen auch lenkt.
Dafür, dass er mich nimmt, wie ich bin,
mit all meinen Macken und meinem Sinn.

Für ein Lächeln im Vorübergehen,
für Augenblicke, um schönes zu sehen,
für eine nette Geste, ein freundliches Wort,
für einen ruhigen Rückzugsort,
um wieder neue Kraft zu tanken,
auch dafür möchte ich mich bedanken.

Für schöne, lichte und freundliche Tage,
für Momente ohne Plage,
für Stürme, die vorbeigezogen,
für Zeiten, die mir wohl gewogen,
und das es all meinen Lieben gut geht,
auch dafür ist mein Dank, der hier steht.

Und auch, dass ich in einem Land
leben darf, ohne ständige Angst
vor Krieg, und das ich nicht bedroht,
von Elend, Armut und Hungersnot.
Für all das und noch so viel mehr,
sag ich von Herzen "Danke sehr".

Da ist soviel wofür ich danken kann,
mein Erntedank fängt im Herzen an.

Im Himmel gibt es Käsekuchen

Gibt es im Himmel Käsekuchen?
Aber ja doch, ganz bestimmt,
und auch Erdbeereis mit Sahne,
sowie Milchreis mit viel Zimt.

Darf man im Himmel Hobbys haben?
Aber sicher darf man das,
Gott will ja das wir glücklich sind,
und dazu gehört auch Spaß.

Wird denn im Himmel auch gelacht?
Oh, und wie, aus vollem Herzen,
dort ist alle Zeit nur Freude,
Glückseligkeit und frohes Scherzen.

Gibt es im Himmel auch Musik?
Ja, natürlich gibt es die,
viel schöner noch als hier auf Erden,
erklingt die schönste Melodie.

Wird denn im Himmel auch gefeiert?
Aber ja doch, das steht fest,
denn in Gottes Herrlichkeit,
da ist jeder Tag ein Fest.

Alles was keine Sünde ist,
das wird es im Himmel geben,
doch wird es um ein vielfaches,
schöner sein als hier im Leben.

Himmlische Ankunft

"Da bist du ja!", sprach die Liebe
und nahm mich an die Hand.
"Komm, setz dich zu mir, spüre
den Frieden und lausche der Stille
der Harmonie in diesem Sein."

"Willkommen!" begrüßte mich
die Geborgenheit.
Sie nahm mich in den Arm und
legte mir ihren Mantel um,
durch den die Glückseligkeit
mich durchdrang.

Zart küsste mich lächelnd
das warme Licht
und ich wusste,
ich war angekommen.
Und so schloss ich behutsam die Tür
durch die ich kam.

Voll inniger Freude vereinte
ich mich mit dem einem großen Ganzem.
So bin ich letztendlich das geworden,
was mir von Anfang an bestimmt war.

Ich bin Liebe.

Trost

Sanft schwebt ein Flüstern durch die Nacht

Sanft schwebt ein Flüstern durch die Nacht,
und hüllt die Welt in Träume ein,
inmitten gold´ner Sternenpracht,
leuchtet der Mond mit Silberschein.

Nach dem Heut und vor dem Morgen,
deckt er uns nun mit Frieden zu,
schlafen sollen Freud´und Sorgen,
und alles liegt in stiller Ruh´.

Geruhsam zieht er seine Bahnen,
hält so getreulich Himmelswacht,
sein Ermüden ist voll ahnen,
das bald ein neuer Tag erwacht.

Schon kommt das erste zarte Hell,
nach dem Gestern vor dem Heut,
verneigt sich vor dem Nachtgesell,
gewährt ihm seine Ruhezeit.

So löscht sein Silberlicht er nun,
flüstert uns leise ins Erwachen,
will in der Himmelsferne ruhn,
und dann wieder über uns wachen.

Kleiner Stern

Mein kleiner Stern, in dieser Nacht,
hast du dein Lichtlein angemacht,
und es strahlt dein gold´ner Schein,
mit Liebe in mein Herz hinein.

Ich höre, wie dein Sternenlicht,
zärtlich, leise zu mir spricht,
du erzählst von deiner Welt,
und wie´s dir geht, am Himmelszelt.

So plaudern wir geraume Weile,
haben beide keine Eile,
und wie ich so mit dir erzähle,
umarmt dein Frieden meine Seele.

Doch viel zu schnell vergeht die Zeit,
mein kleiner Stern, es ist soweit,
du musst jetzt wieder weiterzieh´n,
die Nacht, sie ist schon am entflieh´n.

So sag ich leise jetzt Ade,
bis ich dich dann wiederseh´,
und irgendwann, mein kleiner Stern,
leucht ich mit dir, in deiner Fern´.

Unter des Mondes gold´ner Laterne

Unter des Mondes gold´ner Laterne,
küssen sich verliebt zwei Sterne,
der eine in des and´ren Bann,
schauen sie sich zärtlich an.

Einst auf der Erde in Liebe verbunden,
haben sie sich nun wieder gefunden,
wandern fortan in Zweisamkeit,
durch die himmlische Ewigkeit.

Unendlich glücklich, nach langer Zeit,
sind sie von nun an, für immer zu zweit,
nie wieder getrennt, nie wieder allein,
der Eine wird allzeit beim Anderen sein.

Und seht ihr des Nachts in der Himmelsferne,
den Zauberglanz zweier goldener Sterne,
schaut mit euren Herzen, dann werdet ihr´s wissen,
das sind zwei Liebende, die sich dort küssen.

Samtschwarze Nacht

Samtschwarze Nacht
vollkommene Pracht,
im diamantenem Kleid
zum Sterntanz bereit.

Huldvolles Schweigen,
beim himmlischen Reigen,
verzauberter Traum
im unendlichen Raum.

Göttliche Macht,
Sehnsucht entfacht,
zärtlicher Frieden
in Herzen beschieden.

Dämmerung schreitet
behutsam hinzu,
Morgen begleitet
die Nacht nun zur Ruh´.

Traumgespenster

Traumgespenster schlüpfen gerne
in der Nacht zu uns ins Bett,
einige sind frech und garstig,
and´re wiederum sehr nett.

Die garstigen bringen den Alb,
sie wollen uns erschrecken,
die frechen haben Spaß daran,
mit Unfug uns zu necken.

Solche Gespenster mag man nicht,
doch muss man sie ertragen,
denn weil man im Schlaf wehrlos ist,
kann man sie nicht verjagen.

Doch einige, die lieben wir,
das sind die netten, braven,
mit denen lässt´s sich`s wunderbar,
und kuschelig schön schlafen.

Nachtmusik

Wenn grausige Töne die Nacht durchdringen,
man meint fast, dass furchtbar ein Nachtkobold greint,
doch ist´s nur des Katerchens Liebessingen,
dass so schaurig klingt, wenn der Mond im Rund scheint.

Auf baldiges Ende ist wohl kein Hoffen,
das Katerchen singt sich die Seel aus dem Leib,
das Liebeslied hat scheinbar viele Strophen,
entzückt lauscht nur einzig das lockende Weib.

Ach Kätzchen so zeig doch endlich Erbarmen,
ich hätte gern noch etwas Schlaf diese Nacht,
lass ihn doch nicht so lang leiden, den armen,
den Liebenden, der dir dies Ständchen gebracht.

Die Liebe, sie macht es uns nicht immer leicht,
manchmal bringt sie arg schräge Töne hervor,
heute Nacht hat sie mich mit Schaudern erreicht,
in Zukunft, da sorg ich mit Ohrstöpseln vor.

Funkelsterne

Sterne glitzern, Sterne funkeln,
in der klaren Nacht, im Dunkeln,
wahrhaftig schön anzusehen,
wie sie da am Himmel stehen.

Für jede Seele die von uns geht,
solch schöner Stern am Himmel steht.

Und wenn ich einst gegangen bin,
zieht´s mich zu den Sternen hin,
und dann bin ich auch sehr gern,
so ein schöner Funkelstern.

Dann zünd ich an, mein Sternenlicht,
und erhell die Nacht für dich.

Schick dir dann Liebe, Kraft und Mut,
denk immer dran,
alles wird gut.

Und wenn du mit dem Herzen schaust,
dann wirst du mich dort oben sehn!

Dein Stern

Es sind die Sterne, die die Nacht erhellen,
aus endloser Weite, im goldenen Kleid,
sie sind des Mondes vertraute Gesellen,
er kennt einen jeden, seit ewiger Zeit.
Er wird für dich seinen schönsten auswählen,
damit sich dein Herz aus dem Dunkel befreit.

Dein Stern wird dir in allem beistehen,
schau in die Nacht, du wirst es verstehen.

Ein Sternlein ist erwacht

Ein Sternlein ist in dieser Nacht
geboren, ist in Gold erwacht,
zum ersten Mal, vom Himmelszelt,
schickt es sein Lichtlein in die Welt.

Schön wie es nur ein Sternlein kann,
fängt es fröhlich zu blinken an,
mit seinem heit´ren Schein, so munter,
winkt es vergnügt zu uns herunter.

Und mit den and´ren Sternlein, allen
die mit ihm so herrlich strahlen,
tanzt es auf himmlischem Parkett,
beschwingt im Sternentanzballett.

So zwinkert uns mit gold´nem Schein,
der kleine Stern ins Herz hinein,
grüßt uns fröhlich mit seinem Licht,
bringt Frieden, Freude, Zuversicht.

Wenn ein Sternlein in der Nacht,
zum ersten Mal vom Himmel lacht,
dann ist das ganz besonders schön,
zauberhaft, herrlich anzusehen.

Ich wünsch dir einen Engel im Leben

Ich wünsch dir einen Engel,
der mit dir durchs Leben geht,
der alle Zeiten bei dir bleibt,
und dir immer zur Seite steht.

Der dich behütet alle Zeit,
Freud und Leid auch mit dir teilt,
der dich in die Arme nimmt,
wenn dir das Leben schlechtes bringt.

Der immer einen guten Rat,
in jeder Lage hat parat,
der dir hilft auch zu verstehen,
und auf andre zuzugehen.

Der stets den rechten Weg dir zeigt,
und dir immer zu Hilfe eilt,
der deiner Seele Frieden bringt,
Mut dir gibt und Ängste nimmt.

Dein Herz soll er in Ordnung halten,
und deine Liebe gut verwalten,
vor Unheil soll er dich bewahren,
in allen deinen Lebensjahren.

Ich wünsch dir einen Engel
der dir sein Lachen schenkt
und der mit seiner Liebe
all deine Schritte lenkt.

Aus heiterem Himmel

Engel lachen furchtbar gern,
sie lieben es zu scherzen,
Engel haben viel Humor,
und Fröhlichkeit im Herzen.

Engel haben gerne Spaß,
verbreiten mit Vergnügen
ihre Heiterkeit, denn das
lässt Trübsal schnell verfliegen.

Engel sind stets gutgelaunt,
mit ihren Schmunzelgrüßen,
lassen sie oft Schabernack
in unsere Seelen fließen.

Wenn der Mensch aus heit´rem Himmel,
ganz unerwartet fröhlich ist,
dann ist es weil ein Engel ihm
mit seinem Schalk im Nacken sitzt.

Unverhofft

Wenn du es am wenigsten erwartest,
dann lächelt ein Engel dir Freude ins Herz,
bewahre den Augenblick, halte in fest,
er lindert in anderen Zeiten den Schmerz.

Mein Engel

Du bist die Sonne meiner Seele,
du bist in meinem Herz ein Lied,
du bist Magie in meiner Welt,
durch dich wird alles bunt und blüht.

Du bist mein Trost in schweren Zeiten,
du bist mein Stern in dunkler Nacht,
du wirst mich immerzu begleiten,
du bist mein Engel, der über mich wacht.

Du durftest nicht für lange bleiben,
du wolltest nicht, du musstest gehen,
den Regenbogenweg beschreiten,
ich werd dich dort einst wiedersehen.

Doch der schönste Teil von dir,
der ist und bleibt immer bei mir,
es ist die grenzenlose Liebe,
die ich für alle Zeit behüte.

Ein kleiner Engel ist erwacht
-Pantum-

Ein kleiner Engel ist erwacht,
dort in der weiten Himmelsfern´,
es perlt zu mir ins Herz, so sacht,
sein Lied von einem Zauberstern.

Dort in der weiten Himmelsfern´,
singt das kleine Engelein,
sein Lied von einem Zauberstern,
die Melodie so lieblich, fein.

Singt das kleine Engelein,
klingt es silbern durch die Nacht,
die Melodie so lieblich, fein,
Sinn betörend, zauberhaft.

Klingt es silbern durch die Nacht,
perlt es zu mir ins Herz, so sacht,
Sinn betörend, zauberhaft,
ein kleiner Engel ist erwacht.

Dein Schutzengel

Ich bin dein Stern,
ich bin dein Licht,
ich bin die Liebe,
die zu dir spricht.

Ich bin dein Engel,
ich bin dir ganz nah,
ich bin immer bei dir,
ich bin stets für dich da.

Ich war, ich bin,
ich werde immer sein,
schau in dein Herz,
lass dich auf mich ein.

Ewig werde ich
deine Seele berühren,
schließ deine Augen,
dann wirst du mich spüren!

Denn ich bin dein Stern,
bin dein Engel, dein Licht,
ich bin die Liebe,
die zu dir spricht.

Aus des Himmels weiter Fern´

Der Himmel lauscht, es singt ein Stern,
der Mond leuchtet mit der Latern´,
die Melodie schwebt zauberhaft,
durch diese märchenhafte Nacht.

Das Elfenvolk, es tanzt im Hain,
am Weiher, um genau zu sein,
und auf dem Baum, der Walduhu,
schaut diesem muntr´em Treiben zu.

Der Elfenprinz zeigt sich galant,
er reicht Frau Luna seine Hand,
die trägt zum silbernen Gewand,
im Haar ein gülden Sternenband.

Inmitten grüner Blätterpracht,
sind die Dyraden nun erwacht,
mit ihrer Harfe lieblich Klang,
begleiten sie den Sterngesang.

In dieser Nacht, voller Magie,
schwebt märchenhaft die Melodie,
und aus des Himmels weiter Fern´,
leuchtet der Mond mit der Latern´.

Silberne Nächte

In silbernen Nächten erwacht das Erstaunen,
dann tanzen die Elfen und lachen die Faunen,
am Waldesrand
steht ganz gebannt,
ein Einhorn und lauscht diesem mystischen Raunen.

Waldgeister

In finsterer Nacht, da heulen
im Zauberwald die Eulen,
es krächzen schwarze Raben
durch dichte Nebelschwaden.

Der Mond bläst die Laterne aus,
der Wald lässt seine Geister raus,
tief aus dem Inneren der Erde,
da trampelt eine garstig´ Herde.

In Scharen strömen sie heraus,
mit viel Getöse und Gebraus,
und ihr Gegröle schaurig hallt,
grausig durch den finsteren Wald.

Klein, verhutzelt, stark behaart,
mit bösem Blick und wirrem Bart,
wollen sie Furcht und Angst verbreiten,
mit Wolfszähnen wild um sich beißen.

Doch die Dyraden halten Wacht,
auf böse Geister in der Nacht,
vertreiben sie mit Harfenklang
und ihrem lieblichen Gesang.

Und auch das Feenvolk ist bereit,
zu vertreiben, jeder Zeit,
solche schlimmen Geisterwesen,
verhauen sie mit Zauberbesen.

Da sieht man diese mit Entsetzen,
schnell wieder zu den Löchern wetzen,
aus denen sie gekommen sind,
verschwinden sie darin, geschwind.

Frau Luna schickt ihr Silberlicht,
sogleich lichtet der Nebel sich,
der Frieden zieht nun wieder ein,
in den schönen Zauberhain.

Die Waldbewohner freuen sich alle,
auch das kleine Eichhorn Kalle,
und so feiern alle jetzt,
fröhlich, ein großes Siegesfest.

Wenn Sternenstaub zur Erde fällt
- Elfchen -

Wenn
Sternenstaub zur
Erde fällt, dann
erwacht die Mythenwelt. Im
Mondenglanz

beginnt
der Tanz
der Elfen und
Feen, so zauberhaft und
wunderschön.

Es
flüstern und
raunen, Dyraden und
Faunen, im Silber der
Nacht,

das
Einhorn erwacht,
dort am Waldesrand,
lauscht es gebannt, der
Melodie,

dieser
Sinfonie, die
so lieblich klingt,
wenn der Elfenprinz sehnsuchtsvoll
singt.

Wenn
Sternenstaub zur
Erde fällt, dann
erwacht die Mythenwelt, im
Mondenglanz.

Der Wolkenschimmel

Am stürmischen Himmel
galoppiert der Wolkenschimmel,
ausgelassen und heiter,
mit dem himmlischen Kind als Reiter.
Er wiehert vergnügt,
während er mit dem Kinde
durch die Lüfte fliegt.
Voll magischer Anmut reiten sie
durch die endlosen Weiten
der blauen Prärie.
Von der Sonne geküsst,
völlig losgelöst,
mit ungebändigter Kraft,
voller Leidenschaft,
galoppiert am Himmel
der Wolkenschimmel,
mit dem Wind,
dem himmlischen Kind.

Elfchens Lied

Silberhelle Glöckchen klingen,
durch den Tau benetzten Morgen,
unterm Rosenbusch verborgen,
fängt ein Elfchen an zu singen.

Laue Winde, zartes Flüstern,
locken Blumen aus den Träumen,
an den Schlafnestern von Bäumen,
sind die Blätter leis am wispern.

Kleine Wichte, Nachtgesellen,
huschen lautlos schnell von dannen,
unter Fichten, unter Tannen,
in geheime Wurzelhöhlen.

Im Silberglanz des Weihers zieht,
der Elfenprinz als stolzer Schwan,
anmutig seine erste Bahn,
wenn die Nacht dem Morgen flieht.

Und das Elfchen singt sein Lied.

Märchenwelt

Ein ganz besond´rer Zauber
liegt in der Märchenwelt,
von wundersamen Dingen,
wird geheimnisvoll erzählt.

Mit drei berühmten Worten
fangen die meisten an,
sie bringen uns zu Orten,
wo alles einst begann.

Wir lassen uns entführen,
und das innere Kind,
lässt sich davon berühren,
ganz gleich wie alt wir sind.

Und sind wir nicht gestorben,
so lauschen wir noch heut,
den wunderschönen Märchen,
aus längst vergang´ner Zeit.

Singe, wem Gesang gegeben

-Pantum-

Die Katze singt, es singt der Hahn,
der Esel singt gar laut und schrill,
es singt der Hund so schön er kann,
ein jeder singt so wie er will.

Der Esel singt gar laut und schrill,
die Töne klingen schief und schräg,
ein jeder singt so wie er will,
da läuft das Publikum schnell weg.

Die Töne klingen schief und schräg,
ein wahrhaft schauerlicher Chor,
da läuft das Publikum schnell weg,
das Lied, es schmerzt gar sehr im Ohr.

ein wahrhaft schauerlicher Chor,
es singt der Hund so schön er kann,
das Lied, es schmerzt gar sehr im Ohr.
Die Katze singt, es singt der Hahn.

Es war einmal...

Ich möcht Schneewittchen tanzen seh´n,
mit Rotkäppchen den Wolf besiegen,
ich möchte zu den Zwergen geh´n,
und Hexen in den Ofen schieben.

Wär gern ein Bremer Musikante,
mit Esel, Katze, Hahn und Hund,
zög ich fröhlich durch die Lande,
ein lustig Liedlein stets im Mund.

Ich würd das Apfelbäumchen rütteln,
so fleißig wie die Goldmarie,
tät ich Frau Holles Betten schütteln,
die Federn flögen wie noch nie.

Dornröschen vor der Fee beschützen,
dem Froschkönig die Kugel reichen,
in Siebenmeilenstiefeln flitzen,
den Geißlein übers Fellchen streichen.

Würd gern Rapunzels Haare kämmen,
das tapf´re Schneiderlein begleiten,
vom Tischlein deck dich tät ich schlemmen,
mit Hans im Glück nach Hause reiten.

Findest du es auch so schön,
im Märchenland spazier´n zu gehn?
Komm, ich nehm dich bei der Hand
und zeige dir den Weg dorthin.

Schließ deine Augen, lausche still,
dem, was ich dir erzählen will :
"Es war einmal..."

Ein kleiner Reim

Da ist ein kleiner Reim,
der will gern größer sein,
er ist darauf erpicht,
zu stehen im Gedicht.

Da kommt das Herzeleid,
und ist sofort bereit,
es spricht, zu jeder Zeit,
man über mich gern schreibt.

Und auch die Poesie,
sagt, ohne mich geht´s nie,
zeigst du an mir Intress´,
schenk ich dir blumiges.

Es flüstert der Humor,
ihm witziges ins Ohr,
meint, wenn man lachen tut,
macht sich das immer gut.

Da klopft die Muse an,
und zupft ihn sacht am Arm,
sie weiß genau wie´s geht,
und schickt ihn zum Poet.

Der nimmt sich ihm gleich an,
hängt an ihn Verse dran,
findig und kreativ,
wird Phantasie aktiv.

Und bald ist es vollbracht,
der kleine Reim, er lacht,
mit strahlendem Gesicht,
steht er nun im Gedicht.

Raub keiner fremden Muse Kuss

Der Kuss von seiner Muse hat
dem Dichter die Idee gebracht,
voll Leidenschaft und mit Esprit,
erweckt sie seine Phantasie.

Mit Hingabe und mit Gefühl,
macht er sich nun ans Werk, subtil,
mit Versen, die er nun ersinnt,
zeugt er sein poetisches Kind.

Mit Herzblut wird er es gebär´n,
und es als seine Schöpfung ehr´n,
wünscht sich, sein Kind wird respektiert
seine Idee wird nicht entführt

Was seine Muse ihm beschert,
besitzt für ihn sehr großen Wert,
ist seiner Phantasie entsprungen,
nach mancher Mühe ihm gelungen.

So findet er es gar nicht schön,
muss er es hilflos mit anseh´n,
raubt einer seiner Muse Kuss,
betrübt ihn das, bringt ihm Verdruss.

Und die Moral von dem Gedicht,
raubt fremder Musen Küsse nicht,
nur eig´ne Kreativität,
zeugt von Originalität.

Wenn Dichter dichten

Wenn Dichter dichten, dichten sie
mit viel Gefühl und Phantasie.
Durch Harmonie und auch Magie
entsteht die schönste Poesie.
Worte verschmelzen zur Melodie,
Gedanken werden zur Sinfonie.
Und auch ein Hauch Melancholie,
schwebt durch der Dichter Galerie.
Manchmal führt auch die Ironie
beim dichten irgendwie Regie.
Wenn Dichter dichten, dichten sie,
ganz egal wann, wo und wie,
unter Garantie.

Ein kleines Wort

Ein kleines Wort legte sich hier
zu vielen and´ren aufs Papier,
die lagen einfach dumm,
nur kreuz und quer herum.

Das fand das kleine Wort sehr öde,
es war ihm einfach viel zu blöde,
nur so nutzlos rum zu liegen,
und keine Wertschätzung zu kriegen.

Da ergriff das Wort das Wort,
und fragte alle andern dort,
wie würdet ihr es finden,
wenn wir zusammen Sätze bilden.

Wir könnten Texte dann gestalten,
und manchen Leser unterhalten,
lasst es uns doch mal probieren,
wir haben doch nichts zu verlieren.

Da glitt ein Wort zum and´ren hin,
und schon ergab es einen Sinn.
Und wißt ihr was?
Das machte allen sehr viel Spaß.

So sind Gedichte hier entstanden,
weil Wörter zu einander fanden.

Die Poesie beginnt

ihren Reigen,

wenn sich Gedanken

vor Gefühlen verneigen.

Vita

Sabine Müller wurde 1963 in Hessen geboren, wo sie auch den größten Teil ihrer Kindheit verbrachte.
Heute lebt und arbeitet sie in Niedersachsen.
Als Mitglied im internationalen Künstlerforum Garten der Poesie wurden ihre Werke in verschiedenen Anthologien veröffentlicht.
Mal sind ihre Gedichte heiter, manche stimmen nachdenklich und andere wiederum laden zum träumen ein. In ihrem Gedichtband Morgentaublüten zeigt sie einen bunten Reigen ihrer Phantasie.

Ich bedanke mich bei Bernd Rosarius, dem Administrator vom Garten der Poesie, www.garten-der-poesie.de , der mich mit Rat und Tat bei der Herstellung meines Buches unterstützt hat.

Sabine Müller

Lesetipp...die Autorin empfiehlt...

Julchen hör, die Vöglein singen

Garten der Poesie (Hrsg)
Paperback
96 Seiten I
ISBN 978-3-7392-4453-2

Gefühle im Wandel der Jahreszeiten

Paperback
84 Seiten
ISBN 978-3-7357-4165-3